...~~u Elbarni

La sécurité dans le CLOUD COMPUTING

Mohamed Elbarni

La sécurité dans le CLOUD COMPUTING

Security of CLOUD COMPUTING : Tools: Kali, Backtrack5,IDS,Snort

Presses Académiques Francophones

Impressum / Mentions légales

Bibliografische Information der Deutschen Nationalbibliothek: Die Deutsche Nationalbibliothek verzeichnet diese Publikation in der Deutschen Nationalbibliografie; detaillierte bibliografische Daten sind im Internet über http://dnb.d-nb.de abrufbar.
Alle in diesem Buch genannten Marken und Produktnamen unterliegen warenzeichen-, marken- oder patentrechtlichem Schutz bzw. sind Warenzeichen oder eingetragene Warenzeichen der jeweiligen Inhaber. Die Wiedergabe von Marken, Produktnamen, Gebrauchsnamen, Handelsnamen, Warenbezeichnungen u.s.w. in diesem Werk berechtigt auch ohne besondere Kennzeichnung nicht zu der Annahme, dass solche Namen im Sinne der Warenzeichen- und Markenschutzgesetzgebung als frei zu betrachten wären und daher von jedermann benutzt werden dürften.

Information bibliographique publiée par la Deutsche Nationalbibliothek: La Deutsche Nationalbibliothek inscrit cette publication à la Deutsche Nationalbibliografie; des données bibliographiques détaillées sont disponibles sur internet à l'adresse http://dnb.d-nb.de.
Toutes marques et noms de produits mentionnés dans ce livre demeurent sous la protection des marques, des marques déposées et des brevets, et sont des marques ou des marques déposées de leurs détenteurs respectifs. L'utilisation des marques, noms de produits, noms communs, noms commerciaux, descriptions de produits, etc, même sans qu'ils soient mentionnés de façon particulière dans ce livre ne signifie en aucune façon que ces noms peuvent être utilisés sans restriction à l'égard de la législation pour la protection des marques et des marques déposées et pourraient donc être utilisés par quiconque.

Coverbild / Photo de couverture: www.ingimage.com

Verlag / Editeur:
Presses Académiques Francophones
ist ein Imprint der / est une marque déposée de
OmniScriptum GmbH & Co. KG
Heinrich-Böcking-Str. 6-8, 66121 Saarbrücken, Deutschland / Allemagne
Email: info@presses-academiques.com

Herstellung: siehe letzte Seite /
Impression: voir la dernière page
ISBN: 978-3-8416-3617-1

DEDICACES

« On peut éprouver une telle joie à faire plaisir à quelqu'un qu'on ait envie de le remercier.»

Henry de Montherlant

On dédie ce modeste travail à :

Nos parents

Nul mot ne peut exprimer Notre gratitude envers eux, on l'a dit une fois dans le temps, On l'a répétera toujours avec la même conviction.

A tous nos amis

En honneur à la grande amitié qui nous unit, aux souvenirs et moments agréables passés ensemble.

REMERCIEMENTS

Nous remercions Notre encadrant Mr. Omar SEFRAOUI pour l'aide les conseils très avisés et les explications concernant les missions évoquées dans ce rapport, qu'il nous a apporté lors des différents suivis.

Sommaire

Introduction générale :

Au fur et à mesure que les systèmes informatiques évoluent, la demande en quantité d'espace de stockage, de convivialité et de simplicité dans le travail va grandissant. Il y a quelques années, les espaces de stockage réduits, les lignes de commandes et les systèmes complexes étaient le quotidien des employés d'entreprise.

Les entreprises modernes traitent de grandes quantités d'informations aussi nombreuses que variées. Ainsi, elles ont besoin de grande capacité de stockage ainsi que d'une puissance de calcul élevée. Les ressources matérielles et logicielles nécessaires n'étant pas à la portée de toutes les entreprises, le Cloud Computing est une solution pour résoudre ce problème.

Le terme Cloud Computing, ou « informatique dans les nuages », est un nouveau modèle informatique qui consiste à proposer les services informatiques sous forme de services à la demande, accessibles de n'importe où, n'importe quand et par n'importe qui. Cette nouvelle technologie permet à des entreprises d'externaliser le stockage de leurs données et de leur fournir une puissance de calcul supplémentaire pour le traitement de grosse quantité d'information.

La sécurité du Cloud Computing devient un enjeu crucial pour les systèmes d'informations. Il a été montré que les clouds publics, tels que ceux de Google, Twitter ou Amazon, ne fournissaient pas un niveau de sécurité suffisant pour leurs clients. De nombreux problèmes se posent comme la dégradation ou perte d'informations, le vol ou le transfert non autorisé d'informations, ainsi que des problèmes de qualité de service, de traçabilité et de responsabilité.

I.   Présentation du projet :

Afin d'appliquer les méthodologies et les notions enseignées et de les compléter, et dans le cadre du projet de fin d'année, nous devons réaliser un Travail d'Etude et de Recherche. Celui-ci nous permet à nous, étudiants en 4ème année de l'Ecole Nationale des Sciences Appliquées filière Génie Télécommunications et Réseaux (GTR), de nous initier à la recherche, d'appliquer les connaissances acquises durant notre scolarité à l'Ecole Nationale des Sciences Appliquées favoriser le travail en groupe.

Le projet que nous devions réaliser consiste à maitriser la notion de Cloud Computing et ses différents types, ainsi on a étudié la sécurité dans le Cloud Computing, et de proposer des solutions pratiques.

Afin de comprendre la démarche que nous avons utilisée pour mener ce projet à son terme, notre rapport se structure de la façon suivante : Tout d'abord, dans une première partie nous présentons le cadre général de notre projet. Puis dans une seconde partie, nous présentons le travail et la recherche que nous avons effectués, en commençant à découvrir le Cloud Computing, son historique, ses types et ses niveaux de services, et en arrivant à l'étude de sécurité dans cloud computing.

Notre travail sera divisé en deux parties théorique et pratique, et enfin résultats et commentaires.

La première partie théorique comportera sur les notions fondamentales sur le Cloud Computing, et la sécurité au sein de cloud computing, La deuxième partie pratique comportera installation de notre solution snort.

II. Le Cloud Computing Généralités :

1. Qu'est-ce que le Cloud Computing

Le cloud computing (en français "informatique dans le nuage" ou «infonuagique") est un paradigme émergeant depuis quelques années. L'un de ses principaux concepts est la fourniture de la technologie à la demande «as a service».   La vision est d'offrir à terme un service informatique disponible partout à la demande, et pour lequel l'utilisateur ne paiera que pour ce qu'il a consommé (un peu comme le service électrique aujourd'hui). Cette technologie connait un succès croissant. En effet, plusieurs acteurs du secteur informatique parmi lesquels de grands noms comme IBM, Microsoft, Google, Amazon,

Le Cloud Computing est en train de révolutionner le monde informatique. Il consiste en l'externalisation des infrastructures informatiques vers des prestataires spécialisés. Les utilisateurs du Cloud Computing gagnent en autonomie, en ergonomie et en simplicité. Aussi, la composition d'applications sur le "cloud" ouvrira des possibilités de travail collaboratif encore imprévisible.

Figure 1.

La figure1 illustre bien que ce concept récent permet d'utiliser de la mémoire et des capacités de calcul d'ordinateurs et de serveurs répartis dans le monde entier et liés par un réseau tel Internet. Le cloud computing permet ainsi de disposer, à la demande, de capacités de stockage et de puissance informatique sans disposer matériellement de l'infrastructure correspondante.

L'accès aux données et aux applications peut ainsi se faire à partir de n'importe quel périphérique connecté, le plus souvent au moyen d'un simple navigateur Internet.
Plus précisément, il existe des clouds publics qui constituent des services partagés auxquels toute personne peut accéder à l'aide d'une connexion Internet, sur une base d'utilisation sans abonnement. Il y a aussi des clouds privés dont l'accès pouvant être limité à une seule entreprise ou à une partie de celle-ci. Ces derniers peuvent ainsi apparaître comme plus sûrs en termes de sécurité des données.

Le cloud computing constitue donc globalement une nouvelle forme d'informatique à la demande, à géométrie variable, que l'on pourrait classer d'un point de vue juridique, au croisement des services d'externalisation, et des services ASP et SaaS.

2. Les caractéristiques du Cloud Computing :

Le Cloud Computing se caractérise par 5 points clés. Tout d'abord, la consommation de données, logiciels, applications, ne se fait plus en continu, mais à la demande. On consomme ce dont on a besoin, quand on en a besoin. Une approche rationnelle qui est caractéristique du Cloud. C'est l'optimisation, qui permet une élasticité de la demande.

Les applications disponibles pour les utilisateurs sont en « self-service ». Il suffit de les déployer, d'en suivre l'utilisation, et ce de manière bien plus simple et intuitive que sur un parc informatique traditionnel. L'information est centralisée, bien plus facilement accessible, et le monitoring est à disposition. Enfin, troisième point clé, Cloud Computing signifie mutualisation. Lorsque l'on parle de virtualisation, et de localisation sur des serveurs distants, la mutualisation est incontournable.

Ces caractéristiques sont les suivantes :

- Service à la demande : mise à disposition de ressources informatiques au moment opportun.
- Accès réseau étendu : possibilité d'accéder aux ressources d'un réseau avec divers appareils.
- Virtualisation et mutualisation : mutualisation des ressources informatiques pour qu'elles soient exploitables par plusieurs utilisateurs.
- Élasticité rapide : ressources mises à disposition rapidement, dans certains cas automatiquement.
- Service mesuré : possibilité de surveiller, contrôler et mesurer l'utilisation des ressources.

La capacité du cloud à fournir des services et ressources hautement disponibles et élastiques, et ce à la demande fait partie des principales raisons de son succès.

Ainsi, la question du maintien de ces propriétés pour les applications traitant de grandes quantités de données se pose. C'est le cas, par exemple, des réseaux sociaux à succès comme facebook et twitter qui doivent faire face à d'importants volumes de données, croissant de façon exponentielle.
Ceci induit le besoin d'une solution de stockage dans le cloud pouvant permettre de faire face à cette demande.

3. Infrastructure du Cloud :

Jusqu'à présent on note **4 modèles de déploiement du Cloud Computing** qui sont :

Le Cloud Public :

- Le Cloud Public : dans ce modèle de déploiement, le fournisseur de la solution de Cloud est externe, il est propriétaire de son infrastructure et ses services sont accessibles à tout le monde (sous réserve de payer bien entendu).

Le Cloud Privé :

- Le Cloud Privé : ce modèle de déploiement est interne aux entreprises ou organisations qui en sont les propriétaires. Ce modèle correspond aujourd'hui à une évolution des centres de données virtualités et à l'émergence de l'IT as a Service (= le système d'information et les équipes informatiques qui se transforment en centre de services pour le reste de l'entreprise).

Dans cette optique d'IT as a Service, on voit parfaitement la pertinence de certaines caractéristiques du Cloud Computing (service mesurable et facturable aux différentes divisions de l'entreprise notamment)

Le Cloud Communautaire :

- Le Cloud Communautaire : Dans ce modèle de Cloud, les ressources, services et la propriété sont partagées à l'échelle d'une communauté (ex : à l'échelle d'un état, d'une ville, d'une académie, d'un GIE...)

Le Cloud Hybride :

- Le Cloud Hybride : ce modèle est une combinaison de 2 ou 3 des modèles décrits ci-dessus. Le futur devrait confirmer l'émergence de ce type de Cloud avec une combinaison de Cloud privé et public.

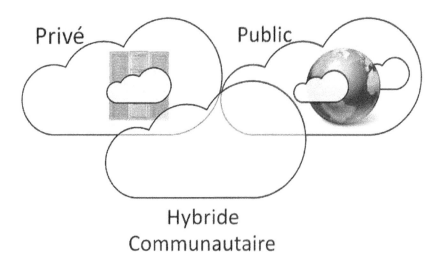

Figure 4.

La figure 4 illustre bien les différents modèles que l'on peut rencontrer dans cette technologie qu'est le CLOUD COMPUTING.

4. L'architecture du Cloud :

Les fondations du Cloud computing reposent sur trois concepts essentiels : IAAS (Infrastructure as a Service), PAAS (Plateforme as a Service) et SAAS (Software as a Service). La compréhension de chacun d'eux permet d'appréhender leurs interactions possibles et par conséquent d'assimiler le concept global de cloud computing.

Ces différents types d'architectures sont résumés sous forme de couche comme dans le modèle OSI allant de la couche la plus proche de l'utilisateur (physique) à la couche la plus abstraite (application).

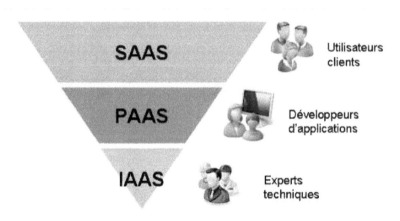

Figure 5.

⬥ Infrastructure as a Service IAAS :

Sans cette brique de base il est impossible de commencer quoique ce soit. L'infrastructure est le squelette de tout système d'information. Cela englobe toutes les ressources nécessaires à l'exécution des applications et des logiciels d'une entreprise.

Ces ressources assurent à l'entreprise la fourniture de services liés aux télécommunications (réseau et téléphonie), liés à la puissance de calcul nécessaire au bon fonctionnement des ses applications internes (hébergement) et induisent des coûts de gestion (remplacement de matériel, climatisation, électricité etc.).

Dans un contexte IaaS une entreprise peut décider de confier tout ou partie de ses ressources techniques pour diverses raisons liées à son contexte d'exploitation informatique (exemple simple : les serveurs sont obsolètes et il faut investir dans des machines plus fiables et plus performantes). L'IaaS s'appuie sur les VM (virtual machines) pour offrir de la puissance de calcul de façon évolutive (scalabilité) sans intervenir physiquement sur les serveurs et sans les arrêter. L'IaaS limite donc les risques liés aux upgrades de composants et aux patchs de mise à jour des systèmes d'exploitation.

- Avantage : grande flexibilité, contrôle total des systèmes (administration à distance par SSH ou Remote Desktop), permet d'installer tout type de logiciel métier.
- Inconvénient : besoin d'administrateurs système comme pour les solutions serveurs classiques sur site.

Exemple de solutions IAAS : Amazon EC2, GoGrid...

⬥ Plateforme as a Service PAAS :

Les entreprises disposant d'une direction informatique produisant des applications internes doivent mettre à disposition des équipes informatiques les moyens de produire ces applications. Cela implique de mettre à disposition de la puissance de calcul dédiée à la production d'applications informatiques : poste de développement, serveurs de test et d'intégration, serveur de formation, ressources réseau pour livrer et tester les applications produites.

L'arrivée du PaaS dans de telles entreprises revient à remplacer les environnements de développement par des plateformes de développement mutualisées. Comme le Framework de production des applications est hébergé dans une plateforme PaaS il faut veiller à disposer d'une très bonne infrastructure réseau. Avec le PaaS il est tout à fait possible pour une entreprise de conserver la main sur l'infrastructure qui héberge ses applications mais d'externaliser dans une plateforme PaaS toutes les ressources mises à disposition des équipes de développement informatiques.

- Avantage : le déploiement est automatisé, pas de logiciel à acheter ou d'installation supplémentaire à faire.

- Inconvénient : limitation à une ou deux technologies (ex. : Python ou Java pour Google AppEngine, .NET pour Microsoft Azure, propriétaire pour force.com). Pas de contrôle des machines virtuelles sous-jacentes. Convient uniquement aux applications Web.

Exemple de solutions PAAS : Microsoft Azure, Force.com

♣ Software as a Service

Les entreprises produisant leurs propres applications doivent investir dans l'outil informatique régulièrement pour assurer la maintenance corrective et évolutive de leurs logiciels. Pour différentes bonnes raisons le choix d'un développement interne des applications amène les directions à se spécialiser dans des métiers de technologie de l'information et s'écartent dangereusement de leur cœur de métier. D'autres entreprises choisissent d'installer sur leur infrastructure des logiciels du marché, qui nécessitent des compétences internes autour de ce logiciel pour intégrer au mieux la solution dans le contexte spécifique de leur entreprise.

Le SaaS est une alternative aux stratégies d'internalisation des solutions applicatives d'une entreprise. Il correspond à une dématérialisation du logiciel. L'entreprise met à disposition de ses services utilisateurs un logiciel loué qui répond à un domaine d'expertise ciblé.

- Avantage : plus d'installation, plus de mise à jour (elles sont continués chez le fournisseur), plus de migration de données. Paiement à l'usage. Test de nouveaux logiciels facilité.

- Inconvénient : réticence des informaticiens, méconnaissance des offres, sécurité, confidentialité des données

Exemple de solutions SAAS : Google Apps ...

5. Les enjeux du cloud computing :

Les études récentes sont formelles : 70% des coûts des services IT sont générés par la gestion du parc informatique existant. Le passage au Cloud Computing pourrait diminuer les coûts de maintenance informatique de manière importante avec des répercussions non négligeables autant pour sur les entreprises que pour leurs clientèles. Voici un tour d'horizon des enjeux du Cloud en termes de diminution des coûts.

- Cloud Computing et services informatiques :

L'utilisation du Cloud Computing par les directions des systèmes d'informations en entreprise constitue un enjeu de taille puisque la diminution des coûts de gestion et maintenance de ce service permet de réduire les frais des entreprises associées et, par conséquent, les frais supportés par les utilisateurs finaux. Ainsi, l'utilisation du Cloud Computing par les services d'informations a un impact financier sur toute l'entreprise. L'investissement initial est moindre : aucune installation de serveur ou de logiciel n'est nécessaire, le réseau s'adapte aux besoins. Par ailleurs, chaque service Cloud est déjà paramétré, d'où des économies de temps conséquentes. La mise en place du service se réalise par module via le modèle SaaS. Enfin, le Cloud Computing a une répercussion financière non négligeable sur les finances de l'entreprise puisqu'il s'agit d'une charge de fonctionnement au niveau comptable et non une immobilisation. Le Cloud Computing a donc un effet très intéressant sur la maitrise des coûts.

- Cloud Computing et entreprise utilisatrice :

Les bénéfices et enjeux du Cloud Computing pour l'entreprise cliente sont similaires à ceux de l'infogérance. La société ne se concentre que sur son cœur de métier tandis que les services informatiques sont gérés par des spécialistes et bénéficient d'une mutualisation intéressante en termes financiers et d'expertise. Les services sont strictement adaptés à sa demande et, en cas de surcroît d'activité, les ressources peuvent augmenter sans délai pour une période déterminée.

- Cloud Computing et utilisateurs :

Le Cloud Computing est totalement personnalisable en fonction des profils et activités des utilisateurs finaux. Il est ainsi possible d'ajouter ou supprimer à l'envi des fonctions d'exploitation tout en maîtrisant les coûts. Le Cloud Computing a donc également un enjeu concurrentiel. Avec des services personnalisables rapidement, les utilisateurs bénéficient d'une performance accrue.

- Cloud Computing et environnement :

Si le Cloud Computing a des enjeux financiers et concurrentiels majeurs pour l'entreprise, il est également un atout de poids pour la protection de l'environnement et le développement durable. En effet, le Cloud Computing permet de réduire la sous exploitation des matériels informatiques : un serveur standard en entreprise est sollicité seulement 10% du temps mais reste allumé en permanence. Sur le Cloud, lorsqu'une application n'est pas utilisée, ses ressources sont allouées à d'autres applications sans qu'il soit nécessaire d'investir dans un nouveau matériel informatique. Par conséquent, le Cloud diminue l'utilisation de matières toxiques, précieuses ou des ressources telles que l'eau !

Le Cloud Computing est doté du système dit scaling-down. Lorsqu'un composant informatique n'est pas sollicité pendant une période plus ou moins longue (vacances, nuit, week-end), le scaling-down le débranche automatiquement. Enfin, le Cloud Computing utilise un système de basse consommation pour son refroidissement, soit une économie d'électricité de 50%.

Le cloud computing permet au l'utilisateur de payer que ce qu'il consomme

4.1   Sans le Cloud Computing :

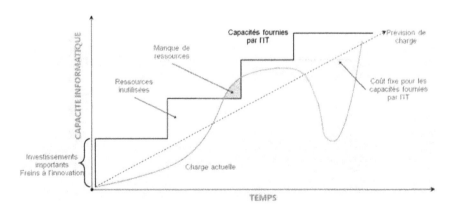

Figure 2.

Dans la figure2 on observe que selon les différentes étapes de la croissance nous sommes soit en surplus soit en manque de ressources.

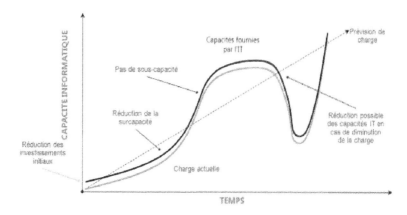

Figure 3.

Nous observons dans la figure 3 que grâce au Cloud Computing nous sommes toujours au plus proche de nos besoins en consommation. Ce qui permet un lissage des coûts, de fortes économies et une très bonne réponse à la demande.

III. Sécurité du Cloud Computing

La sécurité du Cloud est un sous domaine du **Cloud** computing (informatique dans les nuages) en relation avec la sécurité informatique.
En effet le Cloud repose sur la virtualisation et le partage d'informations de façon interactif en passant bien sûr par l'Internet. Ainsi la sécurité du cloud implique des concepts tels que la

sécurité des réseaux, du matériel et les stratégies de contrôle déployées afin de protéger les données, les applications et l'infrastructure associée au cloud computing. Un problème de sécurité dans une plateforme sur le cloud peut engendrer une perte économique mais également une mauvaise réputation si toutefois cette plateforme est orientée grand public. Les problèmes de sécurité du cloud sont la cause du retard de l'adoption massive de cette nouvelle solution.

1. Vulnérabilité du cloud

En pratique, il faut distinguer deux risques principaux à gérer au moment de souscrire au cloud computing.

Le risque interne : le cloud fait sortir les données des locaux de l'entreprise. Rien ne garantit qu'un salarié (stagiaire, prestataire, dirigeant…) ne « siphonne » ces informations. Car le cloud s'accommode très bien, et va même de pair, avec le BYOD (Bring Your Own Device).

Le risque relatif au prestataire de service cloud. Quand on confie ses données à un tiers, il paraît évident de se préoccuper d'abord des relations qu'on entretient avec lui… avant de se demander si une autorité judiciaire risque d'exiger qu'on lui remette telle ou telle information.

Cependant même si ces prérequis sont tout à fait respectés n'omettons pas que le cloud dépend de diverses technologies, qui, comme toutes autres on leur degrés de défaillance.

Ci-dessous la figure 6 nous montre un modèle générique des risques que cours le Cloud computing :

Probabilité Menace(s) Mesure(s) de contrôle Vulnérabilité(s)

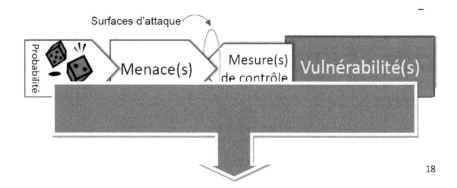

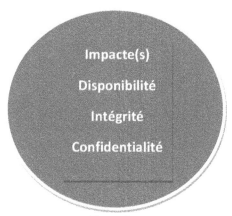

Figure 6.

Ainsi nous pouvons dresser un tableau résumant les types d'attaque dans un environnement Cloud computing et les mesures de sécurité déjà existants. Néanmoins nous avons énuméré les attaques les plus fréquents de nos jours tout en sachant que le domaine de sécurité est très vaste et improbable.

Surfaces d'attaque	Aperçu des menaces	Mesures de contrôle
Humains Plate-forme matérielle Poste de travail	Ingénierie sociale, malveillance Code malveillant, DNS poisoning	Antivirus Anti logiciel espion
Lieu de communication (Internet)	Interception (MIMT) DOS	Chiffrement, lieu sécurisé Relève, redondance
Point d'accès	BOF, infection SQL DOS	Contrôle d'accès

	Attaque brute sur l'authentification	Double authentification IPS / IDS
SAAS (application) PAAS (couche plateforme/logiciel) IAAS (couche système d'exploitation)	Attaque brute sur l'authentification Attaque sur l'hyperviseur DOS Code malveillant	Contrôle d'accès physique de l'infrastructure Contrôle d'accès authentification (forte), réseau signature et chiffrement Contrôle de vulnérabilité : correctif Journalisation, anti-virus, IDS/IPS
Infrastructure de virtualisation	Panne, désastre Injection de code Mauvaise para métrisation	Contrôle d'accès : authentification (forte) et réseau Détection des intrusions, journalisation
Plate forme matérielle	Ingénierie sociale, malveillance Code malveillant, XSS, DNS Poisoning	Anti-virus Anti logiciel espion Correctif

Nous remarquons ici que le déni de service est une attaque très réputée dans le monde du cloud .Etant donné que le cloud computing est une technologie basé sur la portabilité et l'accessibilité des informations partout où nous pouvons être. De ce fait la non disponibilité du fournisseur à manipuler ses instances virtuelles ou espace de stockage peut nuire à sa crédibilité et affecter le client lui-même.

2.1. Attaque par Déni de Service (DOS)

3.1.1 Qu'est-ce que le déni de service ?

Un « déni de service » (Denial of Service ou DoS) est une attaque réalisée dans le but de rendre indisponible durant une certaine période les services ou ressources d'une organisation. Généralement, ce type d'attaque à lieu contre des machines et serveurs d'une entreprise afin qu'ils deviennent inaccessibles pour leurs clients.
Le but d'une telle attaque n'est pas d'altérer ou de supprimer des données, ni même de voler quelconque information. Il s'agit ici de nuire au fonctionnement d'un service ou à la réputation d'une société qui offre un service sur Internet en empêchant le bon fonctionnement de celui-ci. Réaliser un déni de service est aujourd'hui simple, et également très efficace. Il est possible d'attaquer tout type de machine (Windows, Linux, Unix…) car la plupart des dénis de service exploitent des failles liées au protocole TCP/IP.

Il en existe principalement deux types :

1) Les dénis de service par saturation qui consistent à submerger une machine de requêtes, afin qu'elle ne soit plus capable de répondre aux requêtes réelles.

2) Les dénis de service par exploitation des vulnérabilités qui consistent à exploiter une faille du système afin de le rendre inutilisable.

Le principe de ces attaques est d'envoyer des paquets ou des données de taille ou de constitution inhabituelle, afin de provoquer une saturation ou un état instable des machines victimes et de les empêcher ainsi d'assurer les services réseau qu'elles sont censés offrir. Dans certains cas extrêmes, ce type d'attaque peut conduire au crash de la machine cible.

Le déni de service est donc un type d'attaque qui coûte très cher puisqu'il interrompt le cours normal des transactions d'une organisation.

Sachant qu'à l'heure actuelle, les sommes et les enjeux d'une entreprise sont généralement énormes, cela peut poser de graves problèmes si une telle situation se produit ne fût-ce que quelques minutes.

Les contre-mesures sont compliquées à mettre en place et doivent être spécifiques à un type d'attaque. Etant donné que les attaques par déni de service utilisent les services et protocoles normaux d'Internet, s'en protéger reviendrait à couper les voies de communications normales, sachant qu'il s'agit de la raison d'être principale des machines concernées (serveurs web, serveur mail ...).

Il faut donc essayer se protéger au mieux de certains comportements anormaux, ce qui implique notamment la vérification de l'intégrité des paquets, la surveillance du trafic, établissement de profils types et de seuils, etc. On est donc loin de la protection absolue, mais il est tout de même possible de se protéger de façon intelligente et flexible.

3.1.2 Le déni de service distribué

Lorsqu'un déni de service est provoqué par plusieurs machines, on parle alors de « déni de service distribué » (Distributed Denial of Service, ou DDoS). Le but recherché du déni de service sont les mêmes que pour le DoS, à la différence près que plusieurs machines à la fois sont à l'origine de l'attaque (c'est une attaque distribuée).

L'attaquant va donc se constituer un réseau où chacune des machines va attaquer la cible à un moment donné. Ce réseau se compose d'un maître et de nombreux hôtes distants, encore appelés démons. Pendant le déroulement de l'attaque, le hacker se connecte au maître qui envoie alors un ordre à tous les hôtes distants. Ensuite, ceux-ci vont attaquer la cible suivant une technique choisie par le hacker. Il existe des attaques de type « agressives », dont le but de faire crasher complètement la cible, ou encore des attaques de type "stream" (TCP ACK sur des ports au hasard).

Les DDoS se sont démocratisées depuis quelques années. En effet, à leur début, ces attaques nécessitaient de bonnes connaissances de la part des attaquants. Mais à présents, il existe des outils pour organiser et mettre en place l'attaque. Ainsi le processus de recherche des hôtes secondaires (ou zombies) a été automatisé. En repérant certaines failles courantes sur les machines présentes sur Internet, l'attaquant finit par se rendre maître (accès administrateur) de centaines voire de milliers de machines non protégées. Il installe ensuite les clients pour l'attaque secondaire et essaye également d'effacer ses traces. Une fois le réseau en place, il n'y a plus qu'à donner l'ordre pour inonder la victime finale de paquets inutiles.

Il est intéressant de noter que les victimes dans ce type d'attaques ne sont pas que celles qui subissent le déni de service ; tous les hôtes secondaires sont également des machines compromises jusqu'au plus haut niveau (accès root), tout comme l'hôte maître. La menace provient du fait que les outils automatisant le processus ont été très largement diffusés sur Internet. Il n'y a plus besoin d'avoir des connaissances pointues pour la mettre en place.

Ce type d'attaque reste très difficile à contrer ou à éviter : il s'agit donc d'une menace que beaucoup craignent. En effet, cette attaque est très dévastatrice, et ne provient plus seulement d'une seule machine, mais d'un réseau tout entier. Sachant le nombre de machines non sécurisées présentes sur Internet, on peut imaginer l'ampleur d'une telle attaque.

Il n'est donc pas évident de s'en protéger étant donné que l'identité des attaquants change souvent et que le temps nécessaire pour organiser une protection adéquate est bien souvent supérieur au temps nécessaire pour mettre à mal la victime. Il est donc avant tout primordial de localiser l'initiateur et de repérer sa signature. La détection d'un trafic suspect peut servir de prévention, mais aussi grâce à la scalabilité[1] du cloud.

---

1. scalabilité : la faculté d'élasticité du cloud qui fait partie des multiples atouts du cloud. figure5.

3.1.3 Les principales attaques de type DOS

De nombreuses méthodes permettent d'arriver à une attaque de type DOS :

- Ping flooding : cette attaque consiste à envoyer un flux maximal de « ping » vers une cible.

- Le SYN Flood consiste à saturer un serveur en envoyant un grand nombre de paquets TCP avec le flag SYN armé.

- UDP Flood consiste à saturer le trafic réseau en envoyant le plus grand nombre de paquets UDP à une machine.

- Le ping of death utilise aussi une faiblesse de certaines piles TCP/IP lors de la gestion de paquets ICMP trop volumineux.

- Le smurfing est aussi une attaque basée sur le protocole ICMP.

- Les bombes e-mail consistent à envoyer sur le réseau des mails trop volumineux.

- L'attaque Teardrop : cette attaque utilise une faille propre à certaines piles TCP/IP. Cette vulnérabilité concerne la gestion de la fragmentation IP. Ce problème apparaît lorsque la pile reçoit le deuxième fragment d'un paquet TCP contenant comme donnée le premier fragment. La pile TCP/IP peut s'avérer incapable de gérer cette exception et le reste du trafic.

- L'attaque Unreachable Host : cette attaque envoie des messages ICMP "Host Unreachable" à une cible, provoquant la déconnexion des sessions et la paralysie de la victime, même si ils sont envoyés à faible cadence.

3.2 Le Syn. Flooding

Parmi les attaques de déni de service citées précédemment au cours de notre projet nous nous sommes focalisés particulièrement au Syn. Flooding pour saturer un service en l'inondant de requêtes. Sa mise en œuvre a requis l'utilisation d'attaques sous-jacentes comme l'IP-Spoofing, Ping flood en utilisant un logiciel libre LOIC.

3.2.1 Nature de l'attaque

La connexion TCP s'établit suivant trois phases. Le Syn. Flooding exploite ce mécanisme d'établissement de connexion. Ces trois étapes étant l'envoi d'un SYN, la réception d'un SYN-ACK puis l'envoi d'un ACK.

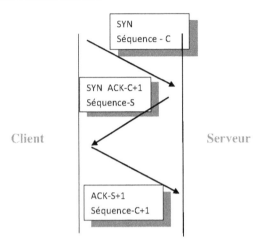

Figure 8 : Ouverture d'une connexion en TCP

Le principe de l'attaque est de laisser un nombre important de connexions TVP en attente. Pour cela, le pirate envoie un très grand nombre de demande de connexion (flag SYN à 1). La machine cible renvoie alors les SYN-ACK en réponse au SYN reçus.
Le pirate ne répondra jamais avec un ACK, et donc pour chaque SYN reçu, la cible aura une connexion TCP en attente dans une file d'attente ou queue de message. Etant donné que ces connexions semi-ouvertes consomment des ressources mémoires, au bout d'un certain temps.

La machine est saturée et ne peut plus accepter de nouvelle connexion. Ce type de déni de service n'affecte que la machine cible.
Le pirate emploie généralement l'IP Spoofing (création de paquet IP avec une adresse source falsifiée) afin de masquer son identité. Cependant dans notre cas nous avons utilisé LOIC, logiciel permettant d'envoyer des requêtes TCP à intervalle de temps très réduit pour pouvoir inonder les trafic.

3.2.2 Mesures de protection

⬧ Paramètre réseau du noyau Linux

Le noyau utilise de nombreux paramètres qui peuvent être ajustés en différentes circonstances. Bien que les paramètres par défaut puissent convenir, il peut être avantageux d'en modifier certains pour contrer, ou tout du moins limiter l'impact d'une attaque DOS sur une machine.

Une des mesures pour diminuer l'impact d'une attaque DOS est de modifier certains paramètres propres aux connexions TCP: le tcp_max_syn_backlog situé dans le fichier :

/proc/sys/net/ipv4/tcp_max_syn_backlog

Le tcp_max_syn_backlog correspond au nombre maximum de requêtes d'une connexion mémorisée, qui n'avait pas encore reçu d'accusé de réception du client connecté. La valeur par défaut est de 1024 pour des systèmes avec plus de 128 Mo de mémoire et 128 pour des machines avec moins de mémoire. Si un serveur souffre de surcharge, on peut essayer d'augmenter ce nombre.

Firewall

Les firewalls sont des équipements réseaux qui permettent de filtrer les paquets entrants et sortants afin de prévenir toutes attaques de l'extérieur. Ils se basent sur un fonctionnement séquentiel et un ensemble de règles pour autoriser seulement les connexions légitimes. Dans le cadre des DoS, le problème majeur est que les attaquants utilisent des connexions légitimes pour perpétrer leurs attaques. De plus, les firewalls ne peuvent pas efficacement différencier les connexions légitimes et illégitimes. Par contre ils peuvent se révéler très efficace pour contrer un attaquant. En se basant sur les informations fournis par des équipements de détections, on peut appliquer des règles très précises qui bloqueront uniquement les connexions malfaisantes, en se basant sur le protocole, l'IP ou le port.

De nombreux firewalls hardware ou software permettent de se prémunir contre les attaquants. Parmi eux, un des plus courants est le firewall intégré au noyau Linux : Netfilter et son interface iptables. Il présente l'avantage d'être open source donc gratuit et d'être assez facile à appréhender. De plus, cela n'a aucune influence sur sa puissance et sa modularité.

Des moyens de préventions

Nous avons vu précédemment qu'il est très facile de mettre en place une attaque de type déni de service qui soit efficace. Pour se prémunir de ces attaques, on doit pouvoir être capable de détecter de manière efficace une attaque. Cependant, il peut être difficile d'identifier un paquet licite d'un paquet provenant d'un attaquant. Mais il existe plusieurs outils qui permettent avec plus ou moins d'efficacité de détecter/bloquer une attaque.

Ainsi **les IDS** (intrusion detection system) sont utilisés pour assure la prévention aux attaques DOS.

Il existe deux types d'IDS :

Les NIDS (Network Based IDS) assure la sécurité au niveau réseau. Il va donc écouter tout le trafic du réseau et générer des alertes en cas de comportement anormal.

Le HIDS (Host Based IDS) réside sur une machine en particulier et non sur tout un réseau. Il est ainsi considéré comme un simple service, ou un démon d'un système. Le HIDS analyse le trafic de la machine hôte pour déceler des intrusions ou des attaques (déni de service par exemple). A la différence de l'NIDS, l'HIDS nécessite moins de ressources. Cependant, l'HIDS se basant sur l'état du système à l'installation, il faut donc que ce système soit sain pour prévenir tout risque d'intrusion. Un autre inconvénient, si l'on doit installer plusieurs machines, il faudra installer plusieurs HIDS. En revanche, un HIDS détecte peu de faux positifs.

⬇ Des moyens de défense

Les IPS (intrusion protection system), sont leur fonctionnement est semblable aux IDS.
Il capture le trafic du réseau puis l'analyse. Mais au lieu d'alerter l'utilisateur d'une intrusion ou d'une attaque, l'IPS bloque directement les intrusions en supprimant les paquets illégitimes. Pour informer l'utilisateur, l'IPS peut aussi remplir un fichier de journalisation qui contiendra la liste des paquets supprimés et éventuellement un message indiquant la raison de cette suppression.
Cet outil est très efficace pour contrer les attaques ou intrusions extérieurs mais possèdes quelques inconvénient :

- ✓ Puisque l'IPS bloque ou supprime directement les paquets qu'il considère illégitimes sans en alerter l'administrateur, il se peut que des faux positifs soient rejetés par erreur, notamment si le service est utilisé très fortement, l'IPS peut considérer qu'il subit un déni de service si ces règles sont mal définies.

- ✓ Un autre inconvénient réside dans le fait que, dans le cadre d'un NIPS, si l'attaquant arrive à spoofer l'adresse IP d'un équipement du réseau, alors l'IPS bloquera cet équipement lorsqu'il détectera l'attaque. Mais il existe maintenant des techniques qui permettent d'éviter ce genre de problème, en écrivant une liste des adresses IP à ne pas supprimer.

- ✓ Dernier inconvénient, lorsqu'une attaque et lancée et arrêtée par l'IPS, celui-ci est détecté par l'attaquant qui va essayer de contourner l'IPS.

C'est pourquoi les IDS sont plus utilisés que les IPS, bien que certains IDS aient des fonctionnalités qui permettent de bloquer le trafic illégitime comme un IPS. C'est notamment le cas de **Snort**, l'IDS que nous avons utilisés dans le cadre de notre projet.

3.3   Les honeypots

Toujours dans l'optique de garantir la sécurité dans les instances du cloud, les honeypots sont des techniques très utilisées de nos jours. Un honeypot est une ressource de l'architecture de sécurité dont le but est de se faire passer pour une cible réelle afin d'être attaquée ou compromise. Autrement dit les honeypots sont des machines de production destinées à attirer les pirates. Ceux-ci, persuadés d'avoir pénétré le réseau, ont tous leurs faits et gestes contrôlés.

Les différentes implémentations des honeypots reposent sur leur niveau d'interaction. Le terme interaction désigne l'interaction entre le pirate et le système piraté. Les honeypots sont principalement divisés en deux catégories : les honeypots à faible interaction et les honeypots à forte interaction :

+ Les honeypots à **faible interaction** sont les honeypots les plus simples. Ils ne fournissent pas de véritables services, ils se contentent de les simuler par l'intermédiaire de script comme Honeyd le propose et que nous allons utiliser par la suite.

+ Les honeypots à **forte interaction** par contre fournissent de vrais services sur une machine plus ou moins sécurisée. Néanmoins les risques sont très nombreux puisque la machine est très vulnérable. Il faut donc s'assurer que l'architecture sous-jacente soit bien sécurisée.

3.3.1 Les types de honeypots

Selon nos attentes un honeypot peut être de recherche ou de production :

+ Honeypot de production

Ce type de honeypots a une utilité pour la sécurité active du système pour lequel il est installé. Il déroute les attaques orientées vers les différents services de production du système, en les attirant vers lui. Ainsi les honeypots de production réduisent le risque, en renforçant la sécurité qui est assurée par les autres mécanismes de sécurité comme les firewalls, les IDS (systèmes de détections d'intrusions).

+ Honeypot de recherche

Ce sont des honeypot dont l'utilité n'est pas de sécuriser la machine hôte mais d'essayer de comprendre comment procède les attaquants. Ainsi ce type de honeypot récolte toutes les informations qu'il peut avoir sur les méthodes d'attaque afin d'améliorer les techniques de protection contre ces dites attaques.
Les honeypots de recherche ne servent pas à la sécurité du système d'une maniée directe, mais ils offrent des renseignements précieux sur les attaquants et leur comportement.
Les deux types de honeypots jouent un rôle dans une ou plusieurs composantes de la sécurité qui sont la prévention, la détection, et le recouvrement.
Les honeypots de production contribuent à la prévention du système, en provoquant une déception chez les attaquants, après plusieurs tentatives échouées pour atteindre les ressources du système. Et ils sont aussi bénéfiques pour la détection, dans la mesure que toute connexion établie avec un honeypot de production est considérée comme tentative d'intrusion au système, il élimine ainsi toutes les fausses alertes (positives et négatives). Le rôle des honeypots de production dans le recouvrement se traduit par les deux points suivants :

+ **premièrement**, ils permettent une continuité des services après une attaque produite en leur sein, en les mettant simplement hors service.

↓ **deuxièmement**, l'information enregistrée par les honeypots de production sera d'un apport considérable pour le recouvrement du système.

Les honeypots de recherche ne servent pas la sécurité des systèmes (prévention, détection et recouvrement) d'une manière directe, mais ils offrent des renseignements précieux sur les attaquants et leur comportement. Ces informations permettent une meilleure connaissance de la communauté des attaquants (blackhat community), ce qui aide les professionnels de la sécurité informatique dans l'amélioration de méthodes et mécanismes de protection.

IV.   Solution proposé et réalisation

1. Introduction

L'ouverture des systèmes et leurs interconnexions avec le réseau Internet ont fait que les attaques soient de plus en plus nombreuses et diversifiées les unes que des autres.

Outre la mise en place de pare-feu et de systèmes d'authentification, il est de nos jours nécessaire de mettre en place un système de détection d'intrusion.

Principalement, nous distinguons deux catégories de systèmes de détection d'intrusion :

Le premier type est formé par les détecteurs d'intrusion basés sur l'hôte (HIDS), ceux-ci analysent et contrôlent uniquement l'activité et les informations de l'hôte sur lequel est installé le HIDS et assurent ainsi seulement la sécurité de l'hôte en question. La deuxième catégorie est formée par les détecteurs d'intrusion réseau (NIDS), ceux-ci observent et analysent le trafic réseau, cherchent des indicateurs d'attaques et envoient des alertes.

SNORT, logiciel open source se situe dans la deuxième catégorie des IDS.

Dans ce qui suit, nous allons commencer par donner une présentation générale de SNORT, ensuite nous allons présenter sa manipulation : installation, configuration et fonctionnalités. Enfin, nous allons terminer par donner une conclusion et des perspectives pour ce travail.

2. Présentation Générale

SNORT est un NIDS écrit par Martin Roesch, disponible sous licence GNU, son code source est accessible et modifiable à partir du site officiel de SNORT.

Il permet d'analyser le trafic réseau de type IP, il peut aussi être configuré pour fonctionner en quatre modes que nous allons énumérer dans ce qui suit.

Mode sniffer :

C'est un snif de réseau classique. Inutile de s'y attarder, d'autres logiciels comme wireshark le font très bien, et la valeur réelle de Snort n'est pas là.

Mode Packet logger :

De même que le mode sniffer, sauf qu'il écrit le résultat de son observation dans un fichier log. Je ne m'y attarderai pas plus.

Mode NIDS (Network Intrusion Detection System) :

Cela devient plus intéressant. Ce mode fait l'objet de mon stage. Il s'agit de l'utilisation de Snort avec analyse du trafic aux vues de règles de sécurités actualisées. Snort en NIDS a une valeur d'observation.

Mode IPS (IPS= Intrusion Prevention System) ou Snort inline :

Le mode IPS n'est plus Snort a proprement parler. Il s'agit d'une autre version basée sur Snort 2.6 appelée Snort_inline. Cette version permet de modifier ou de rejeter des paquets. Je décrirai rapidement sa mise en place en fin de rapport.

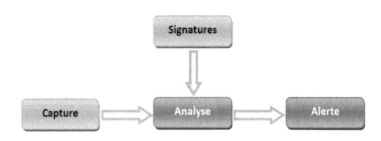

Principe de l'analyse de Snort

Figure 9.

La figure 8 présente le principe de l'analyse de Snort en mode IDS.

- **Positionnement de SNORT dans le réseau**

L'emplacement physique de la sonde SNORT sur le réseau a un impact considérable sur son efficacité.

Dans le cas d'une architecture classique, composée d'un Firewall et d'une DMZ, trois positions sont généralement envisageables :

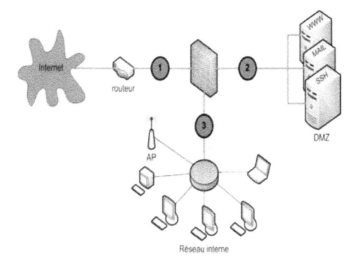

Figure 10.

Position 1 : Sur cette position, Snort va pouvoir détecter l'ensemble des attaques frontales, provenant de l'extérieur, en amont du firewall. Ainsi, beaucoup d'alertes seront remontées ce qui rendra les logs difficilement consultables.

Position 2: Si Snort est placé sur la DMZ, il détectera les attaques qui n'ont pas été filtrées par le firewall et qui relèvent d'un certain niveau de compétence. Les logs seront ici plus clairs à consulter puisque les attaques bénignes ne seront pas recensées.

Position 3 : Snort peut ici rendre compte des attaques internes, provenant du réseau local de l'entreprise. Il peut être judicieux d'en placer un à cet endroit étant donné le fait que 80% des attaques proviennent de l'intérieur. De plus, si des trojans ont contaminé le parc informatique (navigation peu méfiante sur internet) ils pourront être ici facilement identifiés pour être ensuite éradiqués.

- **Architecture de SNORT**

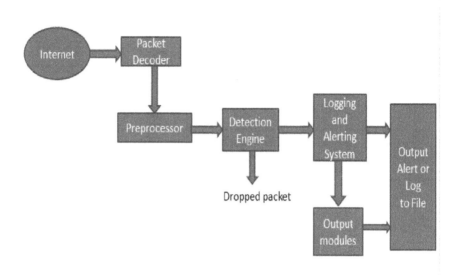

Figure 11.

L'architecture de SNORT est modulaire et est composée de :

- **Un noyau de base :** au démarrage, ce noyau charge un ensemble de règles, compile, optimise et classe celles-ci. Durant l'exécution, le rôle principal du noyau est la capture de paquets.

- **Une série de pré – processeurs**, ceux-ci améliorent les possibilités de SNORT en matière d'analyse et de recomposition du trafic capturé. Ils reçoivent les paquets directement capturés, éventuellement les retravaillent puis les fournissent au moteur de recherche de signatures.

- **Une série d'analyses** est ensuite appliquée aux paquets. Ces analyses se composent principalement de comparaisons de différents champs des headers des protocoles (IP, ICMP, TCP et UDP) par rapport à des valeurs précises.

- **Après la détection d'intrusion, une série de « output plugins »** permet de traiter cette intrusion de plusieurs manières : envoie vers un fichier log, envoie d'un message d'alerte vers un serveur syslog, stocker cette intrusion dans une base de données SQL.

Les préprocesseurs permettent d'étendre les fonctionnalités de SNORT. Ils sont exécutés avant le lancement du moteur de détection et après le décodage du paquet IP.

Le paquet IP peut être modifié ou analysé de plusieurs manières en utilisant le mécanisme de préprocesseur. Les préprocesseurs sont chargés et configurés avec le mot-clé pré-processor. Le format de la directive pré-processor dans les règles de SNORT est :

Pré-processor <nom> : <options>

Exemple de préprocesseurs :

Le détecteur portscan : ce préprocesseur permet de :

· enregistrer le début et la fin d'un scan de ports à partir d'une seule adresse IP.

· Lorsqu'un fichier de log est spécifié, ce préprocesseur journalise les IP et les ports scannés ainsi que le type du scan.

Exemple :

Preprocessor portscan 192.168.1.0/24 /var/log/snort

4.2.   les règles de SNORT

   Les règles de SNORT sont composées de deux parties distinctes : le header et les options.
Le header permet de spécifier le type d'alerte à générer (alert, log et pass) et d'indiquer les champs de base nécessaires au filtrage : le protocole ainsi que les adresses
IP et ports sources et destination.
Les options, spécifiées entre parenthèses, permettent d'affiner l'analyse, en décomposant la signature en différentes valeurs à observer parmi certains champs du header ou parmi les données.

5. Outils du travail

VMware Workstation est le plus performant des logiciels de virtualisation pour postes de travail et ordinateurs portables. La version 10 de VMware Workstation renforce encore davantage la position de leader de ce produit en offrant la prise en charge de systèmes d'exploitation (y compris Windows 8.1) la plus complète et étendue, l'architecture de machines virtuelles la meilleure de sa catégorie.

L'environnement de postes de travail le plus complet et un ensemble unique de fonctionnalités à valeur ajoutée permettant d'améliorer la productivité des professionnels et des organisations pour lesquelles ils travaillent.

BackTrack est une distribution Linux, basée sur Slackware jusqu'à la version 3 et Ubuntu depuis la version 4, apparue en 2006. Elle est née de la fusion de Whax et Auditor. Son objectif est de fournir une distribution regroupant l'ensemble des outils nécessaires aux tests de sécurité d'un réseau.
Depuis 2013, Backtrack est devenu Kali Linux.

Pourquoi Backtrack5 R3-KDE-32 ?

Snort est déjà installé aussi dans la solution backtrack ainsi que d'autres pré-requises.
Backtrack propose à ses utilisateurs un large panel d'outils de sécurité en partant du scanner de port jusqu'aux crackers de mot-de-passe. Le support en Live CD et Live USB permet aux utilisateurs de démarrer Backtrack directement sur un ordinateur sans installation préalable.

Backtrack inclut ces nombreux logiciels : Metasploit RFMON pilote sans-fil Aircrack-NG Gerix Wifi Cracker Kismet Nmap Ophcrack Ettercap Wireshark (Aussi connu en tant qu'Ethereal) BeEF (Navigateur d'exploitation du framework) Hydra OWASP Mantra

BackTrack place les outils dans 12 catégories: Rassemblement d'informations (Information Gathering) Estimation des vulnérabilité (Vulnerability Assessment) Outils d'utilisation des failles (Exploitation Tools) Élévation des privilèges (Privilege Escalation) Maintient d'accès (Maintaining Access) Ingénierie inverse (Reverse Engineering) Outils RFID (RFID Tools) Test de résistance (Stress testing) Recherche forensique (Forensics) Outils d'obtention de rapports (Reporting Tools) Services (Services) Divers (Miscellaneous).

Répond aux besoins de nos tests (simple ping & attaque synfloding avec Loic)

Windows 7 (précédemment connu en tant que Blackcomb et Vienna) est un système d'exploitation de la société Microsoft, sorti le 22 octobre 2009 et successeur de Windows Vista. Windows 7 est progressivement remplacé par Windows 8 à partir du 30 octobre 2012, le support de Windows 7 RTM a pris fin le 9 avril 2013 tandis que la version SP1 bénéficiera du support standard jusqu'en janvier 2015.

6. Etapes de mise en œuvre

6.1 Pré-requis de Snort

Les programmes cités ci-dessous sont nécessaires pour lancer Snort :

- apache2 pour   le serveur web
- MySQL-server pour la base de données
- php5 pour le script orienté serveur
- php5-MySQL
- php5-gd pour la librairie graphique
- PEAR pour PHP Extension and Application Repository

Notons bien que Backtrack5 R3-KDE-32 possède déjà la plupart de ces pré-requis.

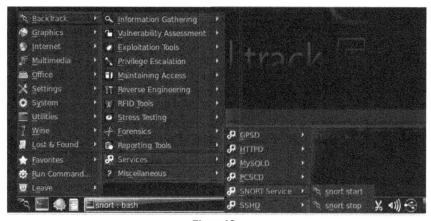

Figure 12.

Installation de php-pear pour PHP Extension et Application :
Avec la commande apt-get install php-pear

Sur un autre terminal nous pouvons avoir les informations de notre réseau avec la commande **ifconfig,** qui donne le résultat suivant :

```
eth1      Link encap:Ethernet  HWaddr 00:0c:29:4b:2c:38
          inet addr:192.168.88.138  Bcast:192.168.88.255  Mask:255.255.255.0
          inet6 addr: fe80::20c:29ff:fe4b:2c38/64 Scope:Link
          UP BROADCAST RUNNING MULTICAST  MTU:1500  Metric:1
          RX packets:340 errors:0 dropped:0 overruns:0 frame:0
          TX packets:199 errors:0 dropped:0 overruns:0 carrier:0
          collisions:0 txqueuelen:1000
          RX bytes:377946 (377.9 KB)  TX bytes:13309 (13.3 KB)
          Interrupt:19 Base address:0x2000

lo        Link encap:Local Loopback
          inet addr:127.0.0.1  Mask:255.0.0.0
          inet6 addr: ::1/128 Scope:Host
          UP LOOPBACK RUNNING  MTU:16436  Metric:1
          RX packets:85 errors:0 dropped:0 overruns:0 frame:0
          TX packets:85 errors:0 dropped:0 overruns:0 carrier:0
          collisions:0 txqueuelen:0
          RX bytes:5857 (5.8 KB)  TX bytes:5857 (5.8 KB)
```

Figure 13.

6.2 Test de Snort

➢ Mode détecteur d'intrusion réseau (IDS) :

Mode IDS : le trafic réseau correspondant aux règles de sécurité sera enregistré.

Installation de Snort compilé pour envoyer les logs vers MySQL avec : **apt-get install snort-mysql**

- CONFIGURATION DE LA BASE DE DONNÉES MYSQL :

Nous créons la base de données MySQL et les tables pour recevoir les logs de Snort :

```
root@bt:~# mysql -u root -p
Enter password:
```

Figure 14.

Password=toor
Création de la base de données :

```
mysql> create database snort;
Query OK, 1 row affected (0.00 sec)
```

Figure 14.

Attribution des droits à l'utilisateur Snort :

36

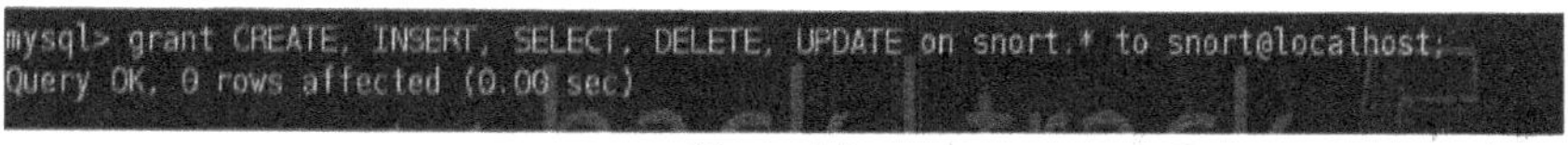
mysql> grant CREATE, INSERT, SELECT, DELETE, UPDATE on snort.* to snort@localhost;
Query OK, 0 rows affected (0.00 sec)

Figure 16.

Comme il est dangereux d'accéder à la base de données avec l'utilisateur root, il est nécessaire de créer un utilisateur avec des permissions sur la base de données Snort uniquement :

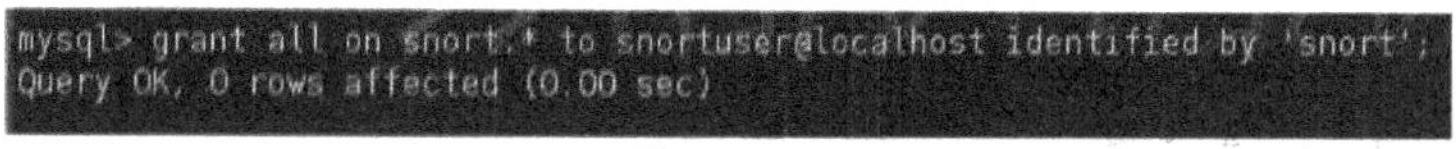
mysql> grant all on snort.* to snortuser@localhost identified by 'snort';
Query OK, 0 rows affected (0.00 sec)

Figure 17.

On recharge les privilèges MySQL :

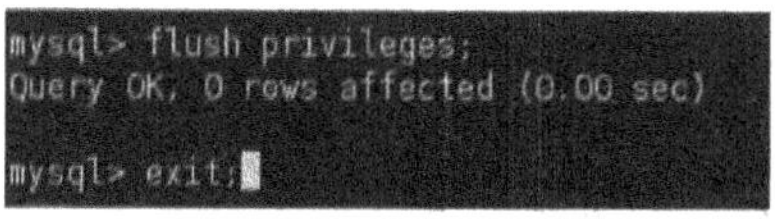
mysql> flush privileges;
Query OK, 0 rows affected (0.00 sec)
mysql> exit;

Figure 18.

Maintenant, nous devons créer les tables dans la base de données Snort :

Par chance, les tables sont déjà créées et nous devons juste les remplir.
Le fichier create_mysql.gz qui est normalement situé dans le dossier **/usr/share/doc/snort-mysql.**
On le décompresse par la commande : **/usr/share/doc/snort-mysql gzip –d create-mysql.gz**

On importe les tables MySQL par la commande : **mysql –u root –p snort < /usr/share/doc/snort-mysql/create_mysql**

La configuration de la base de données

mysql> show databases;
| Database |
| information_schema |
| mysql |
| snort |
3 rows in set (0.00 sec)

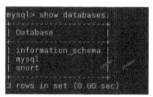

Figure 19.

On choisit Snort :

Figure 20.

Configuration des tables :

Figure 21.

- **CONFIGURATION DE SNORT POUR SQL :**

Nous devons dévier les logs de Snort dans la base de données :
Ceci est déjà fait en installant le package snort-mysql, il est juste nécessaire de configurer le login et mot de passe pour accéder à la base de données snort.
Dans le fichier **/etc/snort/snort.conf**, nous devons modifier les lignes entre (#DBSTART#) et (#DBEND#) :
Par la commande : **gedit /etc/snort/snort.conf**
Output database: log, mysql, user=snortuser password=snort dbname=snort host=localhost

```
# (#DBSTART#)
output database: log, mysql, user=snortuser password=snort dbname=snort
host=localhost
# (#DBEND#)
#
```

Figure 22.

Toujours dans le même fichier, On enlève le commentaire des lignes suivantes :

```
ruletype redalert
{
type alert
output alert_syslog: LOG_AUTH LOG ALERT
output database: log, mysql, user=snortuser password=snort  dbname=snort host=localhost
}
```

Figure 23.

• Les règles

Une convention permet de normaliser l'écriture des règles. Une règle Snort est composée de deux
parties présentées sous le format suivant : Header (options).

action	protocole	adress1	port1	direction	adresse2	port2	Options (msg, content ....etc)

Figure 24.

La partie header décrit l'action, la direction et les adresses sources et destinations des
échanges réseau.

Le champ « action » peut prendre plusieurs valeurs selon l'action à mener par Snort en
détectant des paquets réseau répondant au critère définie dans la règle. Ces valeurs sont les
suivantes : alert : génère une alerte et log le paquet log : log le paquet pass : ignore le paquet
activate : active une règle dynamique dynamic : définie une règle dynamique

- Le champ « protocole » décrit le protocole utilisé pour la communication. Snort supporte les
protocoles IP (TCP, UDP), ICMP.

- Les champs « direction » renseignent Snort sur la direction des échanges réseau (->, <->, <-
).

- Les champs « address/port » décrivent les adresses IP et les ports des machines qui
échangent des données sur le réseau.

- La partie options, elle renseigne Snort sur les caractéristiques des paquets à signaler et
garantissent une meilleure granularité pour définir et appliquer les règles mais aussi
déclencher les actions qu'elles décrivent.

- La partie options est constituée de plusieurs champs qui assurent l'analyse du contenu des
paquets réseau avec plus de finesse. Notons que la manipulation de ces champs nécessite une

grande maîtrise des protocoles réseau pour pouvoir décrire les signatures des attaques à détecter.

Pour chaque option le format est nom option : valeur1 [, valeur2,…] ci-dessous quelques options utilisées dans la création des règles.

msg : spécifie le message qui sera affiché dans le log et dans l'alerte référence : fait référence aux sites expliquant l'attaque détectée (bugtraq , CVE, …etc.) classtype : définit la classe de l'attaque (troyen, shellcode …etc) ttl : spécifie la valeur du TTL du paquet flags : spécifie la présence d'un flag TCP dans le paquet (SYN, Fin, …etc) .

Notons que ces options sont intéressantes pour décrire avec précision les attaques. Donc plus vous maîtrisez le formalisme de description des attaques par le biais de ces règles plus vous aurez des alertes précises et vous évitez les faux positifs (flux sain comme analysé comme étant une attaque).

Analyse de règle:

alert tcp $EXTERNAL_NET any -> HTTP_SERVERS 80 (msg : "web attack code execution " ; uricontent :"/bin/sh" ; nocase ; classtype : " web-application-attacks " ; sid :1518 ; rev :1 ;)

Figure 25.

action	protocole	adress1	port1	direction	adresse2	port2	Options (msg, content ....etc)
alert	tcp	$EXTERNAL_NET	any	->	HTTP_SERVERS	80	web attack code execution

Figure 26.

Cette règle permet de détecter des attaques du réseau externe qui consiste à exécuter une commande sur le serveur web.

Mise à jour des règles :

Snort est une coquille vide sans les librairies de définitions « règles » d'objets malveillants. Ce sont un peu comme les définitions à mettre à jour d'un antivirus. Un script Pearl conseillé par Snort pour cette mise à jour est Oinkmaster. A son lancement, il va télécharger le « ruleset » (paquet de règles), indique les répertoires de décompression et de déploiement de ces règles. Oinkmaster peut donc aller chercher les règles officielles de Snort (actualisées et performantes mais payantes) ou des règles alternatives (par ex. Bleedingsnort, offert gratuitement par une communauté active et vitaminée.)

Maintenant mettons-nous les règles, dans le répertoire **/etc/snort/rules** tous ces règles sont des règles officielles de Snort.

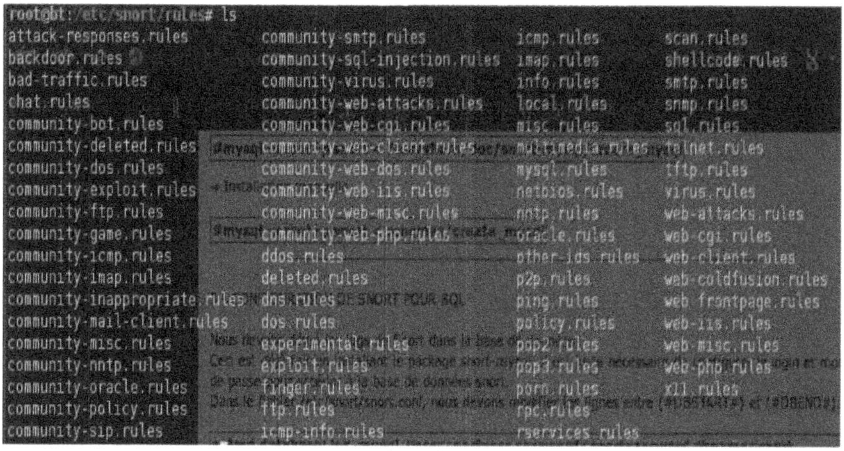

Figure 27.

Nous allons les désactiver parce qu'ils ne sont pas dans notre intérêt dans ce travail dans le fichier **snort.conf** dans /etc/Snort par l'ajout de # devant les lignes qui commencent par **INCLUDE $RULE_PATH/**

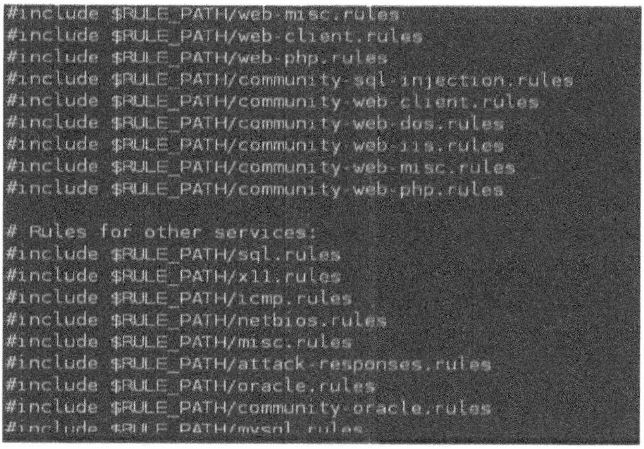

Figure 28.

Dans le répertoire **/etc/snort/rules** on crée des **fichiers.rules** qui vont contenir nos règles

- **/etc/snort/rules gedit ping.rules**

C'est notre règle pour le test

```
ping.rules ✕
alert icmp any any -> any any (msg:"Someone is pinging"; sid:444;)
```

Figure 29.

Il va détecter n'importe quel trafic icmp (un ping) et générer une alerte et afficher le message (Some one is pinging).

Génération d'alerte pour une attaque DOS

- **/etc/snort/rules gedit dos1.rules**

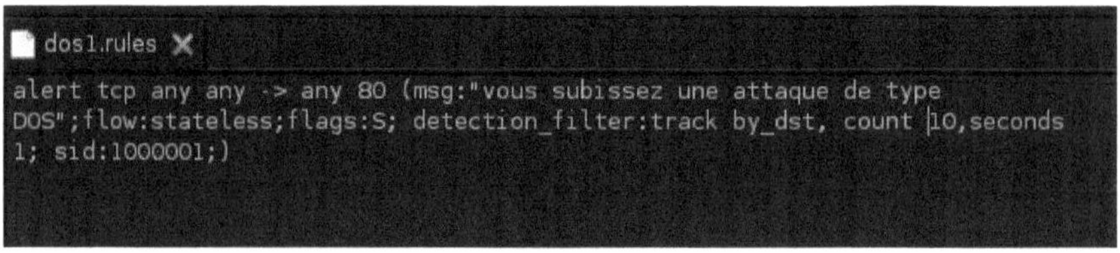

```
dos1.rules ✕
alert tcp any any -> any 80 (msg:"vous subissez une attaque de type
DOS";flow:stateless;flags:S; detection_filter:track by_dst, count |10,seconds
1; sid:1000001;)
```

Figure 30.

On doit activer ces règles dans le fichier **/etc/snort/snort.conf**

Include $RULE_PATH/ping.rules
Include $RULE_PATH/dos1.rules

Cela veut dire que Snort est démarré avec l'utilisateur Snort et va charger la configuration stockée dans le fichier **/etc/snort/snort.conf.**
Snort -c /etc/snort/snort.conf –i eth1

On lance Snort en mode IDS
Snort –c /etc/snort/snort.conf –i eth1
ou avec cette commande pour afficher après l'attaque le journal de l'attaque dans /var/log/snort/alert
snort –b –A full –c /etc/snort/snort.conf

Pour l'alerte du ping on ping l'adresse 192.168.88.138 à partir de l'adresse 192.168.88.1
Ctrl+c et voilà notre Snort en mode IDS a capturé 8 alertes➔ généré par le ping :

Figure 31.

Pour voir les informations sur l'alerte
Tail /var/log/snort/alert

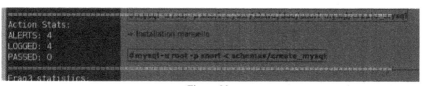

Figure 32.

Puis on test la règle contre les attaques DOS à partir de la machine attaquant qui utilise le
logiciel LOIC comme outil de « Flooding »

On voit bien la capture de 4 alertes générés par une attaque DOS (Flooding)

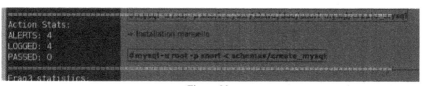

Figure 33.

Les alertes sont loger dans **/var/log/snort/alert**
Puis la commande **tail /var/log/snort/alert.**

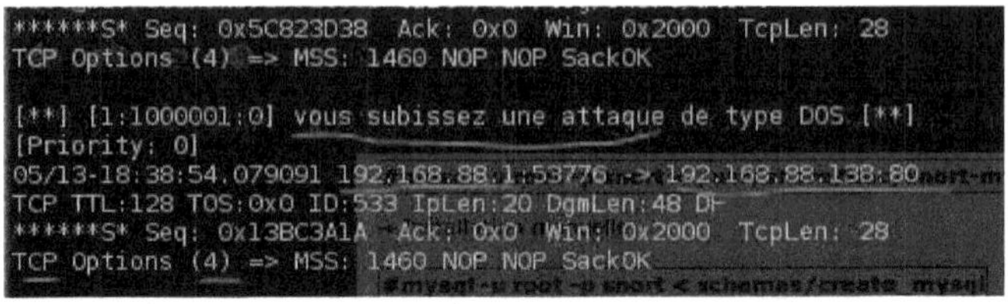

Figure 34.

- **Monitoring avec AcidBase :**

BASE est une interface graphique écrite en PHP utilisée pour afficher les logs générés par l'IDS Snort et envoyés dans la base de données. Elle signifie Basic Analysis and Security Engine.

On télécharge la dernière version Base-1.4.5

Puis on Décompresse les fichiers et déplacer les dans le bon dossier
Par la commande **tar –xvf base-1.4.5.tar.gz**
Puis **mv base-1.4.5 /var/www/base/**

- **CONFIGURATION DE BASE:**

Nous avons besoin de ADOdb (Active Data Objects Data Base) pour BASE. ADOdb est en fait une librairie d'abstraction de base de données pour PHP.

Comme précédemment, nous devons décompresser les fichiers et les placer dans le bon dossier :
Par la commande **tar –xvf adodb519.tar.gz**
Puis **mv adodb5 /var/www/base/**

Le changement ci-dessous est requis pour permettre a l'utilisateur du site web (www-data) d'écrire dans le dossier BASE.
Par la commande **chown –R www-data /var/www/base/**
Puis on active le service apache2 :
Par la commande **/etc/init.d/apache2 start**
On ouvre un navigateur web et on sélectionne le dossier BASE : dans **localhost/base/**

Etape 0 : Vérification si tous est ok pour commencer l'assistant
On appuie sur Continue
Etape 1 : Langue et chemin pour accéder à ADOdb: **/var/www/base/adodb5/**

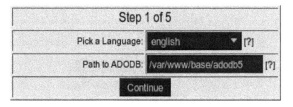

Figure 35.

Étape 2: Paramètres MySQL.

Step 2 of 5	
Pick a Database type:	MySQL ▼ [?]
Database Name:	snort
Database Host:	localhost
Database Port: Leave blank for default!	
Database User Name:	snortuser
Database Password:	•••••

Figure 36.

☑ Use Archive Database[?]	
Archive Database Name:	snort
Archive Database Host:	localhost
Archive Database Port: Leave blank for default!	
Archive Database User Name:	snortuser
Archive Database Password:	•••••
Continue	

Figure 37.

Étape 3 : Paramètres d'authentification de BASE.

45

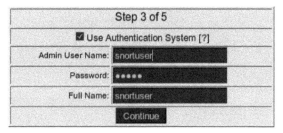

Figure 38.

Étape 4 : Création de la base de données MySQL et des tables.

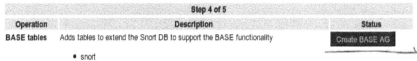

Figure 39.

Etape 5 : authentification

Figure 40.

- Modification du fichier de configuration

Il n'est pas obligatoire d'utiliser l'assistant, on peut tout faire manuellement.

La première chose à faire est de paramétrer le fichier base_conf.dist.

On ouvre base_config.php.dist dans le dossier BASE et on change les lignes comme ci-dessous.

Par la commande **/var/www/base gedit base_conf.php.dist**

On effectue ces changements suivants :

Figure 41.

Figure 42.

Figure 43.

Ensuite, on doit renommer le fichier base_conf.php.dist en base_conf.php

Par la commande **mv /var/www/base/base_conf.php.dist /var/www/base/base_conf.php**

On se connecte à BASE avec un navigateur : **Localhost/base/**

Un nouveau mot de passe pour l'administrateur (admin) est demandé.

• GRAPHIQUES DE BASE:

Premièrement, nous devons installer la librairie graphique php5-gd par la commande :
aptitude install php5-gd
Puis, redémarrer le serveur web apache en sus nous pouvons maintenant installer les trois packages requis :
Image_Graph, Image_color et Image_Canvas.
Par les commandes :
Pear install –force Image_Color
Pear install –force Image_Canvas
Pear install –force Image_Graph

Plus de pré-requises :
Pear install Mail
Pear upgrade PEAR
Pear install Mail_Mime

- PARAMÈTRES FACULTATIFS DE BASE:

Pour paramétrer l'outil BASE, éditer le fichier **/var/www/base/base_config.php**
Activation de la résolution DNS
$resolve_IP= 1;

- Teste de la base :

Activation de Snort en mode IDS
Pour journaliser qu'on fait **tail /var/log/snort/alert**
Par la commande **snort –b –A full –c /etc/snort/snort.conf**
Pour afficher dans la base : **snort –u snort –c /etc/snort/snort.conf**
Puis on ping l'adresse de la machine 192.168.88.138
Et on fait une attaque DOS (Flooding) avec l'outil LOIC
Et on consulte notre base
Puis on consulte notre base de données localhost/**base**

Visualisation graphique des alertes :

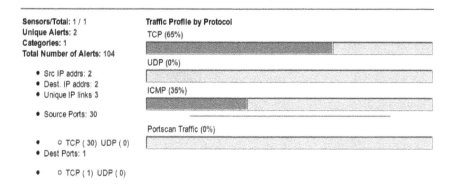

Sensors/Total: 1 / 1	**Traffic Profile by Protocol**	
Unique Alerts: 2	TCP (65%)	
Categories: 1		
Total Number of Alerts: 104		
	UDP (0%)	
• Src IP addrs: 2		
• Dest. IP addrs: 2		
• Unique IP links 3	ICMP (35%)	
• Source Ports: 30		
	Portscan Traffic (0%)	
• ○ TCP (30) UDP (0)		
• Dest Ports: 1		
• ○ TCP (1) UDP (0)		

Figure 44.

Pour l'alerte icmp on remarque bien que l'adresse source change entre 192.168.88.137 et 192.168.88.1 : C'est l'attribut (aller-retour) du Ping

	ID	< Signature >	< Timestamp >	< Source Address >	< Dest. Address >	< Layer 4 Proto >
■	#0-(1-86)	[snort] Someone is pinging	2014-05-14 14:42:04	192.168.88.137	192.168.88.1	ICMP
■	#1-(1-85)	[snort] Someone is pinging	2014-05-14 14:42:04	192.168.88.1	192.168.88.137	ICMP
■	#2-(1-84)	[snort] Someone is pinging	2014-05-14 14:42:03	192.168.88.137	192.168.88.1	ICMP
■	#3-(1-83)	[snort] Someone is pinging	2014-05-14 14:42:03	192.168.88.1	192.168.88.137	ICMP
■	#4-(1-82)	[snort] Someone is pinging	2014-05-14 14:42:02	192.168.88.137	192.168.88.1	ICMP
■	#5-(1-81)	[snort] Someone is pinging	2014-05-14 14:42:02	192.168.88.1	192.168.88.137	ICMP
■	#6-(1-80)	[snort] Someone is pinging	2014-05-14 14:31:17	192.168.88.137	192.168.88.1	ICMP
■	#7-(1-79)	[snort] Someone is pinging	2014-05-14 14:31:17	192.168.88.1	192.168.88.137	ICMP
■	#8-(1-77)	[snort] Someone is pinging	2014-05-14 14:31:16	192.168.88.1	192.168.88.137	ICMP
■	#9-(1-78)	[snort] Someone is pinging	2014-05-14 14:31:16	192.168.88.137	192.168.88.1	ICMP

Figure 45.

Pour l'alerte TCP de l'attaque DOS (Syn flooding) :

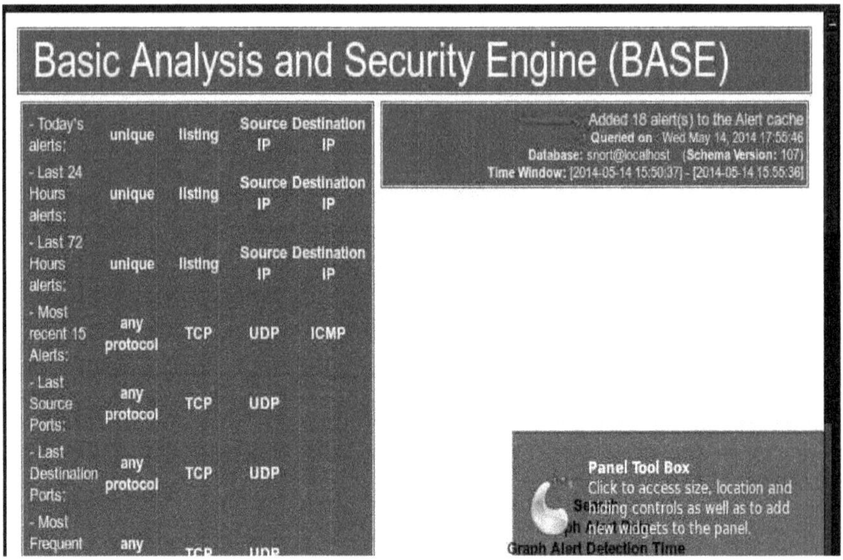

Basic Analysis and Security Engine (BASE)

Figure 46.

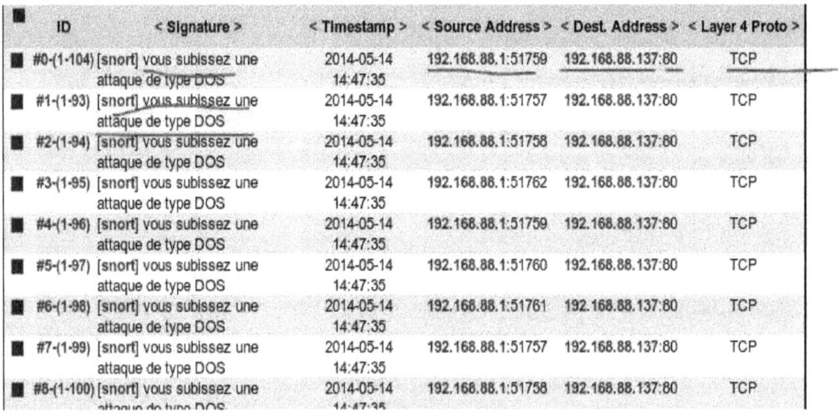

Figure 47.

Adresse source de la machine attaquant qui cible le port 80 de la machine 192.168.88.137 a travers le protocole TCP ce qui affiche la signature de l'alerte la machine subit une attaque DOS.

- Swatch (Log Analyzer simple) :

Swatch est un programme perl qui peut fonctionner comme un démon et continuellement analyser les fichiers journalisés pour certains modèles à apparaître, puis déclencher une notification par email.

Pour associer Snort avec Swatch il faut suivre ces étapes :

1_ Ouvrez le fichier **snort.conf** et supprimez le commentaire de la syslog
La ligne de sortie. Si le commentaire est déjà supprimé, vous pouvez laisser le fichier en tant que
est. Enregistrez vos modifications et fermez le fichier.
2_ Ouvrez le fichier **swatch.conf** et ajouter la règle suivante dans le fichier:

watchfor / snort :/
écho adresses de courrier bleu = root \ @ localhost, sous réserve = -
Snort-Alerte ---
Cette règle sera essentiellement déclencher sur une alerte Snort généré depuis
Snort alertes envoyées à syslog contiennent la chaîne "snort:" juste après la horodatage.
3_ Lancer Swatch avec la commande suivante :
swatch-c / etc / snort / swatch.conf

Cela va à l'application Swatch dans la fenêtre de terminal à partir de laquelle vous avez lancé la commande.
4_ Redémarrer le processus Snort afin que vous pouvez lire dans les modifications apportées à le fichier **snort.conf**.

• Ouvrez une autre fenêtre de terminal et exécutez le **tail-f**

/ var / log / messages fichier pour voir les alertes Snort va le système fichier journal.

• Si aucune alerte semblent peupler le fichier **/ var / log / messages,**

Vous pouvez générer du trafic que vous connaissez doit déclencher une alerte.

Une méthode simple est la suivante :

- Telnet sur le port 80 de la machine d'un autre élève
- Tapez la commande suivante à l'invite: **get .. / ..**

Cela peut générer une alerte Apache espaces blancs (si ou non cette alerte est générée dépend si la règle est activé et la façon dont les variables sont configurées) et un annuaire alerte quand

Vous voyez des alertes d'arriver à / **var** / **log** / **messages**, vous devriez voir les alertes apparaissent en bleu dans la fenêtre du terminal exécutant Swatch.

• Ouvrez une troisième fenêtre de terminal et afficher les messages avec le commande mail. Vous devriez voir des messages électroniques avec le sujet - **Snort-Alerte --.**

> Mode IPS (Intrusion Prevention System) Snort_inline

• Snort_inline c'est quoi ?

L'IPS Snort_Inline est une version modifiée du fameux IDS Snort.
Il reçoit les paquets envoyés par le firewall Netfilter avec l'aide de la librairie libipq, les compare avec des règles de signature Snort et les marque en "drop" s'ils correspondent à une règle, puis finalement les renvoie vers Netfilter où les paquets Snort_Inline marqués sont rejetés.
Un IDS (Intrusion Detection System) journalise une alerte quand un paquet correspond à une règle de signature mais ne le rejette ou même ne le modifie pas. Ceci est différent avec un IPS (Intrusion Prevention System) où un paquet correspondant à une règle de signature est bloqué ou modifié.

Il faut être très attentif avec les "faux positifs" (paquets correspondant à une règle de signature mais étant en fait inoffensifs) sur un IPS parce que ceci peut nuire au bon fonctionnement des communications entre vos systèmes en bloquant des liens requis pour le business.

Pour nos tests, nous avons utilisés Snort_Inline 2.6.1.5

• Pré-requises :

PCRE librairie de fonctions utilisant la même syntaxe et sémantique que Perl 5.
 Par **aptitude install libpcre3-dev**
IPTABLES-DEV - Set de règles de filtrage pour Linux.
 Par **apt-get install iptables-dev**
 LIBNET - interface de programmation générique réseau qui fournit un accès à plusieurs protocoles.
 Par **aptitude install libnet-dev**
 LIBRAIRIE MYSQLCLIENT - librairies de développement MySQL et fichiers "header".
 Par **aptitude install libmysqlclient15-dev**
 CHECKINSTALL - suppression facile des programmes installés depuis la source.
 Par **apt-get install checkinstall**
 LIBDNET - interfaçage vers des routines réseaux de niveau bas

Comme il n'y a pas de package disponible pour libdnet, vous devez l'installer manuellement:
On télécharge et on décompresse libdnet version 1.11:
Par tar **–xvf libdnet-1.11.tar.gz**
   Puis **cd libdnet-1.11**
   Et . /**configure**
   Après **make**
   Et checkinstall

* Installation de snort_inline :

 Installons Snort_Inline.
Il est obligatoire d'avoir les outils pré-requis pour pouvoir compiler Snort_Inline avec succès.

On télécharge et on décompresse **snort_inline-2.6.1.5.tar.gz**
Par **tar –xvff snort_inline-2.6.1.5.tar.gz**
On crée deux dossiers, un pour stocker le fichier de configuration, l'autre pour stocker les règles Snort.
Par **mkdir /etc/snort_inline**
Et **mkdir /etc/snort_inline/rules**
On copie les fichiers de configurations de Snort_Inline dans le dossier /etc/snort_inline/.
 cp snort_inline-2.6.1.5/etc/* /etc/snort_inline/

A l'intérieur du fichier **/etc/snort_inline/snort_inline.conf.** On cherche la ligne commençant par "var RULE_PATH" et changez la comme ci-dessous:
Alors **gedit /etc/snort_inline/snort_inline.conf**

```
# Path to your rules files (this can be a relative
var RULE_PATH /etc/snort_inline/rules
```

Figure 48.

On copie les deux fichiers a l'intérieur de notre nouveau dossier /etc/snort_inline/rules:
- classification.config: définit des URLs pour les références trouvées dans les règles.
- reference.config: inclus de l'information pour la priorité des règles.
Par **cp snort_inline-2.6.1.5/etc/classification.config /etc/snort_inline/rules/**
Et **cp snort_inline-2.6.1.5/etc/reference.config /etc/snort_inline/rules/**
On crée un dossier de journalisation :
Par **mkdir /var/log/snort_inline**
PARAMETRAGE MYSQL :
Il est temps de créer les tables dans la base de données snort:
Pour les tables de snort_inline, nous avons juste à les trouver et les importer dans le serveur SQL :
Par **mysql –u root –p snort < snort_inline-2.6.1.5/schemas/create_mysql**

On ouvre le fichier **snort_inline.conf:**

Après la ligne avec "output alert_fast: snort_inline-fast",on ajout

output database: log, mysql, user=snortuser password=_snort_ dbname=snort host=localhost

- Compilation de Snort_Inline

Il est nécessaire tout d'abord d'entrer des commandes pour vérifier les dépendances et préparer l'outil à être compilé pour MySQL.

Alors **cd snort_inline-2.6.1.5**

Puis **./configure –with-mysql**

Et **make**

Apres **checkinstall**

On aura :

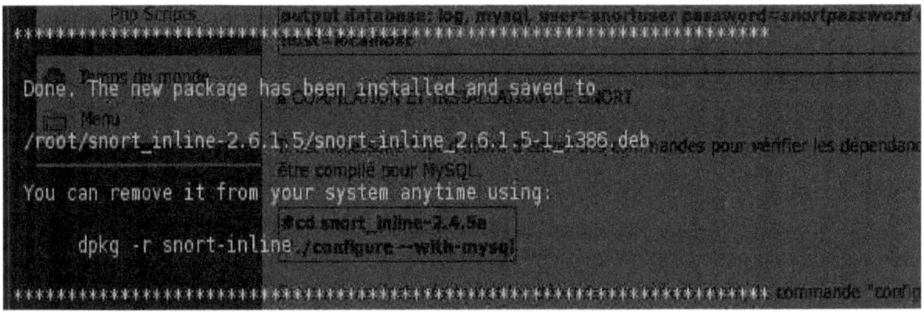

Figure 49.

- Lancement de snort_inline

Netfilter & Snort_Inline

NetFilter est un module du noyau de Linux disponible depuis la version 2.4 du noyau. Il fournit trois principales fonctionnalités :

- filtrage de paquet - Accepte ou rejette des paquets
- NAT - Change la source ou la destination IP d'un paquet réseau
- "Packet Mangling" - Modifie les paquets (utilisé par exemple pour la qualité de service, QoS)

Iptables est un outil pour configurer Netfilter. Il doit être lancé en tant que root.

Netfilter met en queue des paquets vers Snort_Inline dans l'espace utilisateur (user space) avec l'aide du module du noyau Linux ip_queue et libipq.

Puis, si un paquet correspond à une signature d'attaque de Snort_Inline, it est marqué par libipq et revient vers le noyau où est rejeté.

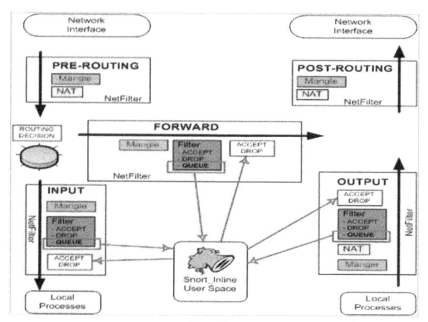

Figure 50.

Deux modes Snort_Inline sont disponibles :

1. "Drop Mode" (mode rejet)
Les paquets sont rejetés s'ils correspondent à une signature d'attaque, ce mode est celui que nous utilisons dans notre tutorial
Trois options sont disponibles dans ce mode :
- Drop : rejette un paquet, envoie un message "reset" vers l'émetteur, journalise l'événement.
- Sdrop : rejette un paquet sans envoyer un message "reset" en retour vers l'émetteur.

- Ignore : rejette un paquet, envoie un message "reset" vers l'émetteur, ne journalise pas l'événement.

2. "Replace Mode" (mode replacement)
Les paquets sont modifiés si elles correspondent à une des signatures d'attaque.

Chargement du module du noyau ip_queue :

Nous devons charger le module ip_queue et vérifier si l'opération a bien été effectuée :
Avec **modprobe ip_queue** et lsmod | **grep ip_queue**

Pour décharger ip_queue: "**modprobe -r ip_queue**"

Configuration d'Iptables pour tester Snort_Inline :

Il s'agit maintenant d'effectuer des tests pour voir si tout marche bien.
Tout d'abord nous avons besoin de configurer Netfilter avec l'outil Iptables.
Nous configurons ci-dessous une règle Netfilter pour envoyer tout le trafic entrant vers la queue où il sera analysé contre les règles de Snort_Inline.
Par **iptables –A INPUT –j QUEUE**
Vérification des règles :
Avec iptables **-L**
On peut supprimer nos règles Iptables avec : "**iptables -F**"

Pour lancer snort **snort_inline -Q -v -c /etc/snort_inline/snort_inline.conf -l /var/log/snort_inline**

-Q -> process le trafic mis en queue
-v -> verbose
-l -> chemin des journaux (logs)
-c -> chemin du fichier de configuration

Il est nécessaire de charger le module ip_queue

- Test de Snort_Inline :

Analyse des journaux (logs):
Vérifions que Snort_Inline fonctionne correctement. Nous vous proposons deux manières pour le faire :
Premier test : On va essayer avec Ping
Ou ajoutons une règle de signature pour rejeter tout le trafic ICMP entrant dans le fichier **/etc/snort_inline/rules/drop-ping.rules.**
Comme Snort/IDS on ouvre le fichier **snort_inline.conf** dans **/etc/snort**

Par l'ajout de # devant les lignes qui commencent par : **INCLUDE $RULE_PATH/**

On désactive les règles par default
Puis on lance Snort IPS :
On essaye de pinger l'adresse 192.168.88.137 à partir de la machine Windows 7 mais avec échec

```
Envoi d'une requête 'Ping' 192.168.88.137 avec 32 octets de données :
Délai d'attente de la demande dépassé.

Statistiques Ping pour 192.168.88.137:
    Paquets : envoyés = 1, reçus = 0, perdus = 1 (perte 100%).
```

Figure 51.

```
          Preprocessor Object: SF_DNS  Version 1.0  <Build 2>
          Preprocessor Object: SF_DCERPC  Version 1.0  <Build 4>
Not Using PCAP_FRAMES
05/14-18:58:09.259101 192.168.88.1 -> 192.168.88.137
ICMP TTL:128 TOS:0x0 ID:26358 IpLen:20 DgmLen:60
Type:8 Code:0  ID:1   Seq:138  ECHO
=+=+=+=+=+=+=+=+=+=+=+=+=+=+=+=+=+=+=+=+=+=+=+=+=+=+=+=+=+=+=+=+
05/14-18:58:13.809162 192.168.88.1 -> 192.168.88.137
ICMP TTL:128 TOS:0x0 ID:26359 IpLen:20 DgmLen:60
Type:8 Code:0  ID:1   Seq:139  ECHO
=+=+=+=+=+=+=+=+=+=+=+=+=+=+=+=+=+=+=+=+=+=+=+=+=+=+=+=+=+=+=+=+
```

Figure 52.

Car Snort IPS fait son travail suivant les règles qu'on déclarer refuser le trafic ICMP
Journal rapide (quick log) :
Avec **tail –f /var/log/snort_inline/snort_inline-fast**

```
05/14-18:44:14.096751  [Drop] [**] [1:444:0] Someone is pinging [**] [Priority: 0] {ICMP} 192.168.88.1 ->
192.168.88.137
05/14-18:44:18.823291  [Drop] [**] [1:444:0] Someone is pinging [**] [Priority: 0] {ICMP} 192.168.88.1 ->
192.168.88.137

» Analyse des journaux (logs)
```

Figure 53.

Journal complet (full log) :
Pour plus d'informations avec **tail –f /var/log/snort_inline/snort_inline-full**

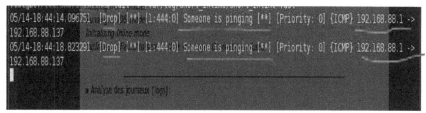

57

Figure 54.

Pour arrêter Snort, dès lors qu'il fonctionne en mode démon, nous devons trouver le numéro d'identification de son processus, puis émettre un signal kill. Pour ce faire, exécutez la commande suivante ;

ps aux | grep snort_inline

```
root       22179  0.0  0.1  45824  4460 pts/1    S+   19:04   0:00 snort_inline -Q -v -c /etc/snort_inline/s
nort_inline.conf -l /var/log/snort_inline
root       22185  0.0  0.0   3368   748 pts/2    S+   19:06   0:00 grep --color=auto snort_inline
```

Figure 55.

Maintenant, on exécute la commande kill, comme suit, où le nombre placé après kill est celui obtenu à l'étape précédente :

Par **kill 22179**

Pour arrêter snort_inline par la suppression de   règles Iptables avec : **"iptables -F"**

Et ça marche :

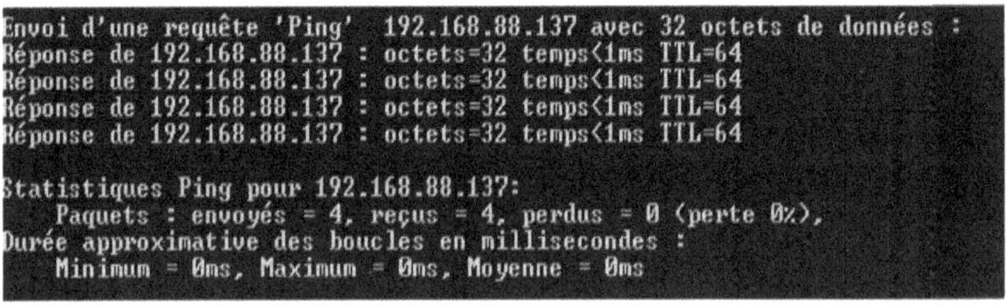

```
Envoi d'une requête 'Ping'  192.168.88.137 avec 32 octets de données :
Réponse de 192.168.88.137 : octets=32 temps<1ms TTL=64
Réponse de 192.168.88.137 : octets=32 temps<1ms TTL=64
Réponse de 192.168.88.137 : octets=32 temps<1ms TTL=64
Réponse de 192.168.88.137 : octets=32 temps<1ms TTL=64

Statistiques Ping pour 192.168.88.137:
    Paquets : envoyés = 4, reçus = 4, perdus = 0 (perte 0%),
Durée approximative des boucles en millisecondes :
    Minimum = 0ms, Maximum = 0ms, Moyenne = 0ms
```

Figure 56.

- Scripts de démarrage

C'est un script qui permet de lancer snort_inline en tapant la commande suivante :

/etc/init.d/snort_inlined start

Vérification que Snort_inline est lancé :

```
root@bt:~# ps -ef | grep snort_inline
root      3391     1  0 21:57 ?        00:00:00 /usr/local/bin/snort_inline -c /etc/snort_inline/snort_inl
ine.conf -Q -D -v -l /var/log/snort_inline
root      3499  3441  0 22:05 pts/1    00:00:00 grep --color=auto snort_inline
root@bt:~#
```

Figure 57.

On Ping et voila le résultat :

ID	< Signature >	< Timestamp >	< Source Address >	< Dest. Address >	< Layer 4 Proto >
▪ #0-(1-15)[snort] Snort bloque le trafic icmp	2014-05-15 21:58:36	192.168.88.1	192.168.88.137	ICMP
▪ #1-(1-16)[snort] Snort bloque le trafic icmp	2014-05-15 21:58:36	192.168.88.1	192.168.88.137	ICMP
▪ #2-(1-13)[snort] Snort bloque le trafic icmp	2014-05-15 21:58:31	192.168.88.1	192.168.88.137	ICMP
▪ #3-(1-14)[snort] Snort bloque le trafic icmp	2014-05-15 21:58:31	192.168.88.1	192.168.88.137	ICMP

Figure 58.

7. Quelques mots sur les techniques anti-Snort

Snort constitue un moyen sécuritaire qui rend plus difficile le piratage. Ainsi les pirates ont compris la nécessité de trouver des moyens d'outrepasser les mécanismes de sécurité assurés par Snort afin d'attaquer sans se faire remarquer. En effet, il existe des techniques qui visent à contourner Snort. Ces techniques se présentent sous trois catégories :

a. **Attaque par déni de service** permet de rendre Snort inopérant en le saturant.
b. **Attaque par insertion** de trafic afin de déjouer Snort en lui faisant croire à un trafic légitime. Le principe de ces techniques est d'injecter une attaque parmi beaucoup d'informations sans incidences. Les signes de l'attaque n'apparaissent donc pas à Snort mais quand les données atteignent la cible, seule l'information malintentionnée est acceptée par le système.
c. **Attaque par évasion** cette technique est l'inverse de l'attaque par insertion. Ici le principe est de faire passer des données superflues qui sont ignorées par Snort mais prises en compte par les systèmes ciblés.

Bien évidemment, avant de commencer à lancer des attaques anti-Snort, il faut détecter au préalable son existence sur le réseau ciblé. Pour ceci les pirates utilisent certaines techniques qui révèlent l'existence d'un IDS en observant certains comportements sur le réseau ciblé, notamment l'existence d'une interface en mode promiscuité, la mesure du temps de latence etc...

8. Snortby

Snorby est une nouvelle et moderne Snort IDS frontal. Les concepts fondamentaux de base derrière Snorby sont la simplicité et la puissance. Le but du projet est de créer une libre open source et l'application très compétitive pour la surveillance du réseau pour une utilisation à la fois privé et pour les entreprises.

snorby est une application de rubis qui est utilisé pour afficher / rendre compte des résultats de détection des logiciels de détection d'intrusion comme Snort, Sagan, et suricata. Snorby a un aspect attrayant et la mise en page, il est propre et facile à utiliser, ce qui snorby devenir un excellent choix, à côté Anval, la base et le snortreport standard snort rapports sotware à l'utilisateur.

Architecture :

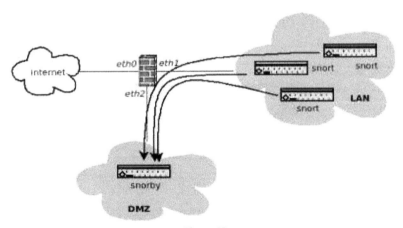

Figure 58.

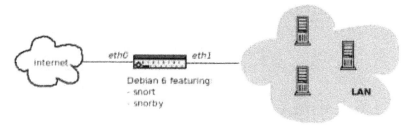

Figure 60.

9. Conclusion

Snort est un outil très intéressant dans la mise en place d'une sécurité réseau. Grâce aux communautés très actives qui créent les librairies d'attaques. Snort permet de voir avec une bonne acuité de quoi il faut se protéger. Il est à souligner l'importance d'une bonne mise à jour de ces librairies. De plus Snort placé dans l'enceinte d'un réseau permet de détecter les failles les plus répandues qui proviennent généralement de l'intérieur de l'entreprise, et non de l'extérieur. Ce système de détection multiplateforme est en perpétuelle évolution et semble un des meilleurs outils dans la connaissance des vulnérabilités auxquelles on est exposé.

A un niveau plus personnel, j'ai énormément apprécié ce stage. Il m'a déjà permis de me familiariser un peu plus avec le monde Linux. Il m'a également permit d'observer le fonctionnement du service informatique de la ville de Pertuis. Cela m'a réellement enthousiasmé et m'a conforté dans mon envie de poursuivre dans cette direction. Mon seul regret est de n'avoir pas pu m'immerger plus dans l'activité du service.

Conclusion générale

Nous avons tout au long de notre travail mis en place un système de sécurité reposant sur snort. Ce dernier est un outil qui permet d'assurer une bonne sécurité d'un réseau informatique. Grâce aux communautés très actives qui créent les librairies d'attaques, Snort permet de voir avec une bonne acuité de détecter les failles les plus répandues.

Notre étude nous a ainsi permis de stipuler que les faiblesses de la sécurité d'un système d'information proviennent essentiellement de l'être humain alors que pour assurer la sécurité du CLOUD COMPUTING il faut avoir une vision beaucoup plus externalisée ; en effet beaucoup de compétences sont nécessaires pour assurer une sécurité optimale, mais il est impossible de garantir la sécurité de l'information à 100%. Malgré tout, il existe des moyens efficaces pour faire face à ces agressions.

C'est pour cela qu'il est utile de bien savoir gérer les ressources disponibles et comprendre les risques liés à la sécurité informatique, pour pouvoir construire une politique de sécurité adaptée aux besoins de la structure à protéger. La mise en place d'un dispositif de sécurité efficace ne doit cependant jamais dispenser d'une veille régulière au bon fonctionnement du système.

www.ingramcontent.com/pod-product-compliance
Lightning Source LLC
LaVergne TN
LVHW042348060326
832902LV00006B/454